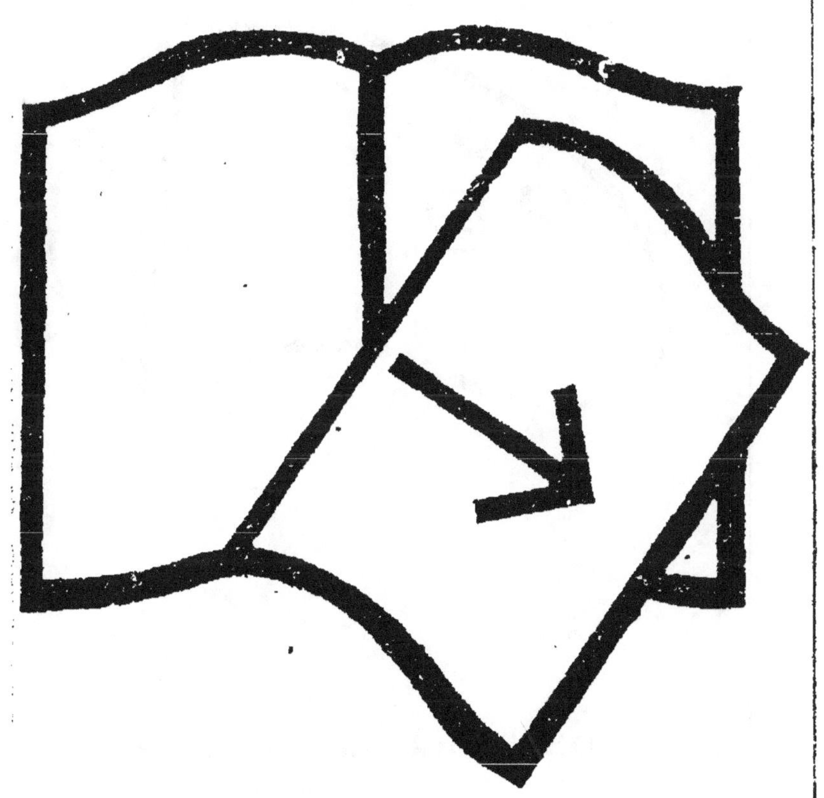

Couverture inférieure manquante

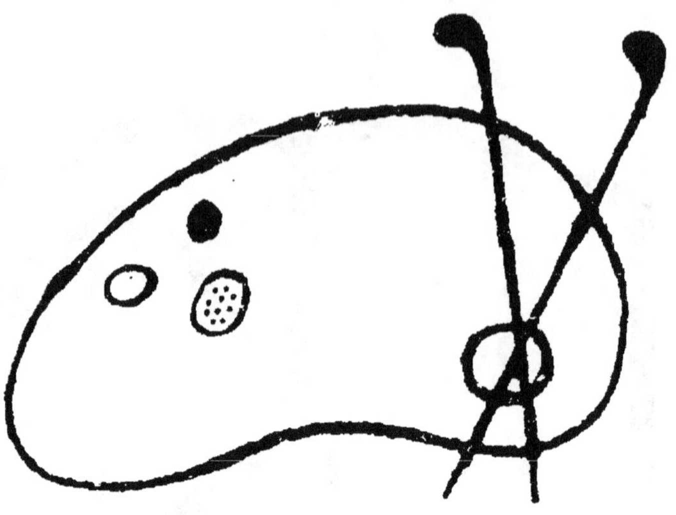

Début d'une série de documents
en couleur

LES MANUELS

POUR

L'ILLUSTRATION DU PSAUTIER

AU XIIIᵉ SIÈCLE

PAR

Samuel BERGER

Membre résidant de la Société nationale des Antiquaires
de France.

Extrait des *Mémoires de la Société nationale des Antiquaires
de France*, tome LVII.

PARIS

1898

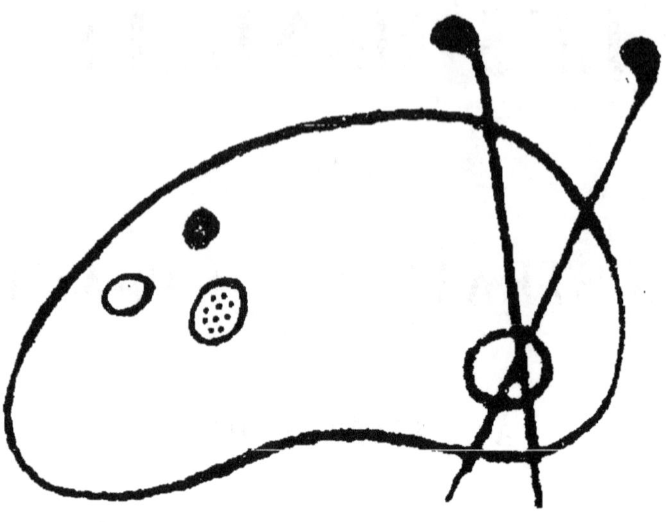

Fin d'une série de documents
en couleur

LES MANUELS

POUR

L'ILLUSTRATION DU PSAUTIER

AU XIIIe SIÈCLE

PAR

Samuel BERGER

Membre résidant de la Société nationale des Antiquaires
de France.

Extrait des *Mémoires de la Société nationale des Antiquaires
de France*, tome LVII.

PARIS

1898

LES MANUELS

L'ILLUSTRATION DU PSAUTIER

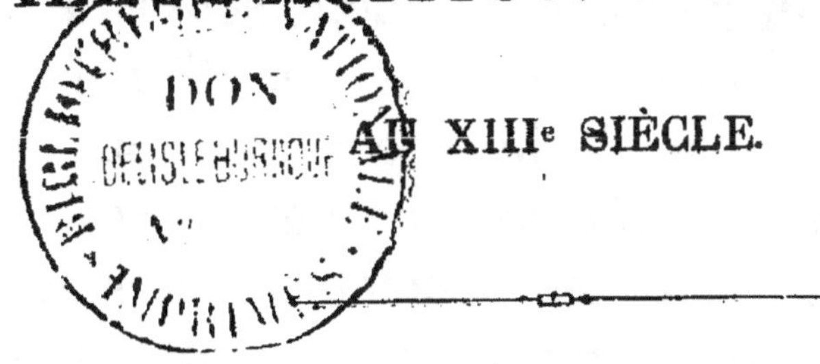

AU XIIIᵉ SIÈCLE.

L'art du moyen âge a été avant tout un art industriel. Les artistes qui ont exécuté les plus belles œuvres de cette époque étaient des ouvriers d'art, et ils recevaient d'un entrepreneur la commande et les instructions nécessaires. Il était rare qu'ils eussent toute leur liberté : la tradition la plus rigoureuse leur servait le plus souvent de loi et, alors surtout qu'ils avaient à décorer un livre nouveau ou à exécuter une œuvre étrangère à la manière habituelle, ils avaient à recevoir des directions qui étaient impératives. Il ne suffisait plus ici, comme lorsqu'il s'agissait d'enluminer, par exemple, une bible latine, de mettre entre les mains de l'ouvrier un exemplaire conforme à la tradition. Il fallait des instructions écrites et très précises. Le plus souvent, le libraire écrivait sur les marges du manuscrit à enluminer l'objet de chaque miniature ou même la manière de traiter le sujet. Quand l'œuvre était inédite et difficile à interpréter, l'auteur rédigeait une sorte de programme destiné à l'enlumineur. On croirait que des notes aussi fugitives, destinées à être effacées aussitôt qu'elles étaient devenues inutiles, devaient disparaître comme le souvenir des entretiens du maître et de l'ouvrier. Il n'en est rien. Les notes pour l'enlumineur qui nous sont conservées sont extrêmement nombreuses. Tel était l'empressement des acheteurs, ou surtout des grands seigneurs qui avaient commandé ces beaux volumes, à entrer en possession de l'objet d'art si longtemps attendu, que les manuscrits étaient très souvent enlevés et jetés dans la circulation avant d'avoir été parés, revisés et dépouillés de ces marques de l'atelier. D'autres fois, les notes pour l'enlumineur nous ont été conservées à la suite d'une confusion étrange, mais fort heureuse pour nous. La note destinée à l'enlumineur était très souvent prise pour un projet de rubrique et reproduite en une belle écriture et avec de vives couleurs. Sans doute, un peu d'intelligence chez l'ouvrier lui aurait épargné cette erreur énorme et vraiment ridicule, mais les copistes du XIVe siècle nous ont accoutumés à ne nous étonner de rien. C'est ainsi que le volume que nous avons à faire connaître n'était nullement destiné à parvenir à la publicité, tel que nous le possédons. C'est par un pur malentendu qu'il a été copié avec luxe et qu'il est ainsi parvenu dans la bibliothèque d'un roi d'Espagne ou d'un infant. De toute manière, nous sommes parfaitement informés de la manière dont le sujet de la peinture était transmis à l'enlumineur, et ceci est, dans l'histoire de l'art industriel, un résultat qui a son intérêt.

Des méthodes de travail analogues ont été pratiquées depuis des temps très anciens. Le fameux *Manuel de la peinture byzantine* que Didron a rapporté du Mont-Athos n'est pas autre chose qu'une tradition écrite relativement à la décoration des églises et à la reproduction des sujets religieux. Les notes que j'ai relevées sur un manuscrit de Saint-Gall nous montrent comment, au IXe siècle, dans cette célèbre abbaye, on s'appliquait à décrire les miniatures des manuscrits grecs des Évangiles pour fournir un modèle à la décoration des manuscrits latins[1]. Quant aux « notes pour l'enlumineur, » telles que je les ai définies tout à l'heure, nous nous sommes appliqués, M. Paul Durrieu et moi, à en réunir un certain nombre dans un mémoire que la Société des Antiquaires a bien voulu accueillir[2]. Déjà auparavant, j'avais noté, dans mon livre sur *la*

---

1. *Mémoires de la Société des Antiquaires,* t. LII, p. 144 et à part, 1893.

2. *Mémoires,* t. LIII, p. 1 et à part, 1893.

Bible française au moyen âge, un assez grand nombre de notes de ce genre, et des plus caractéristiques [1]. Plusieurs textes de cette nature ont été publiés dans ces dernières années; je citerai seulement le plus important. Le Dr James, ce chercheur toujours si heureux, a mis la main sur un manuel complet pour l'enluminure du Psautier, tiré d'un manuscrit conservé à Cambridge et rédigé en entier en français [2].

Le texte découvert par ce savant est tiré d'un Psautier des environs de l'an 1300, conservé à la bibliothèque de l'Université de Cambridge sous le n° Ee IV 24. M. Durrieu s'est empressé de mettre l'intéressante publication de M. James sous les yeux des membres de la Société des Antiquaires [3].

J'ai à mettre à côté du texte publié par M. James un traité d'un caractère analogue, mais encore plus étendu. Au lieu d'une seule série de peintures, nous en avons deux, l'une complète, sauf deux numéros, et l'autre qui s'applique à soixante-huit psaumes. Les peintures sont décrites avec beaucoup plus de détail que dans le Psautier de Cambridge. Quant à la langue, elle est en partie latine, en partie castillane, le latin étant seul employé pour la série principale et les peintures de

1. Pages 287 et suiv.

2. *Cambridge Antiquarian Society's Communications*, t. VIII, 1895, p. 146.

3. *Bulletin de la Société des Antiquaires*, 1895, p. 83.

la série complémentaire étant décrites à la fois dans les deux langues. A tous égards, notre texte mérite d'être publié.

Le manuscrit auquel ce manuel est emprunté faisait partie naguères encore de la bibliothèque d'Osuna. Il occupe le numéro 26 dans le catalogue qui en a été imprimé en 1882. Il est récemment entré, avec le plus grand nombre des manuscrits de cette célèbre collection, à la Bibliothèque nationale de Madrid, où il porte la cote I. i. 77. On y reconnaît un manuscrit royal, car les armes de Castille et de Léon se distinguent encore, à moitié effacées, sur la première garde. J'espère trouver prochainement une autre occasion d'en parler, dans l'étude sur les bibles castillanes que je désire publier dans la *Romania*. L'écriture est fort belle; elle paraît dater au plus tard du commencement du XVᵉ siècle. La décoration est très soignée, mais sans miniatures. C'est un manuscrit d'amateur.

Ce beau manuscrit n'a pas échappé à l'attention de J.-M. de Eguren, l'auteur de la *Memória descriptiva de los códices notables conservados en los archivos ecclesiásticos de España* (Madrid, 1859). A la page 37 de son livre, cet auteur donne une bonne description et des extraits assez étendus de notre manuscrit. Ces extraits piquent la curiosité et font désirer de mieux connaître un livre dont le caractère est un véritable problème. En effet, malgré le mot de *Biblia* que le duc d'Osuna a fait mettre sur le titre, il y a ici tout autre chose qu'une bible. Ce sont d'abord, réunies en tête de l'Ancien et du Nouveau Testament, les préfaces traditionnelles du plus grand nombre des livres de la Bible, en castillan, puis une longue suite d'extraits de la Bible en latin, écrits sur trois colonnes. Le texte occupe la colonne du milieu, tandis que celles de droite et de gauche sont remplies par un commentaire allégorique, écrit à gauche en latin et à droite en castillan. Dans un seul endroit, en dehors du Psautier, il est fait allusion à l'enluminure projetée : c'est en tête des Proverbes, comme si le copiste avait été tenté de continuer la série commencée avec le livre des psaumes [1].

Il m'a semblé qu'il y aurait intérêt à reproduire les notes relatives à l'illustration du Psautier. J'y ai joint quelques extraits du texte ou du commentaire, lorsque ces extraits m'ont paru nécessaires pour l'intelligence des projets de miniatures. J'ai séparé, à chaque psaume, par un alinéa et un tiret, les notes allégoriques, qui sont tirées de la colonne de gauche, de celles de la colonne du milieu, laquelle contient, à la suite des premiers mots du psaume, un projet d'illustration selon le sens historique. J'ai supprimé la traduction castillane des notes allégoriques qui occupe la colonne de droite, en me bornant à en donner un spécimen.

____

1. Fol. 95 v°. *Christus docet apostolos et pueros cathecumenos.*

Ps. I. FIGURA : Dolet David Adam et Evam ejectos de paradiso.

— In psalmo isto agitur de preeminenti conversatione Christi in mundo, qui nec abiit a Deo Patre sicut Adam peccatum cogitando, neque stetit malum sperando, neque sedit malam doctrinam docendo. Hoc figuratur in predicatione Christi [1].

Ps. II. FIGURA : David miratur reges rixantes.

— Hic increpat episcopus vel propheta milites romanos qui fremuerunt in Christum ut fere sine ratione. Fremere enim ferarum est. Increpat etiam Judeos qui meditati sunt falsa in scripturis dum expectant adhuc Messiam. Ipsi enim sunt pueri Abrahe expectantes cum asino. Hoc figuratur Christi passione.

Ps. III. « TITULUS : Psalmus Davit cum fugeret a facie Absalon filii sui... » Figura per titulum.

— In psalmo isto agitur de passione et resurrectione Christi. Primo ponit propheta duas partes oppositas a simili preliantium. Ex una parte preliancium multitudinem et ex alia parte Christum oratione armatum et Deo susceptore securum. Secundo finis rei ostenditur in resurrectione que est consummatio finis id est passionis. Unde proponit non esse timendum, ibi : Ego dormivi.

Ps. IV. « Cum invocarem... » Hoc ita figurabis : Mali

---

1. En este psalmo se tracta de la conversacion mas excelente de Cristo en el mundo, el qual nin se partio de Dios Padre asy commo Adan pensando el peccado, nin estovo en pie obrando mal, nin se asento ensennando mala doctrina. Esto es figurado en la predicacion de Cristo.

invocant Deum et non exaudiuntur. Justi invocant et salvi fiunt.

— FIGURA : In primo predicator increpat ydolatram. In medio fac fratrem minorem, in ultimo beatum Laurentium in craticula.

Ps. V. FIGURA : David orat in medio et Moyses a dextris et Susanna a sinistris.

— In hoc psalmo orat primo propheta reddi sibi hereditatem id est libertatem ecclesie et emulam id est synagogam excludi. Secundo petit auxilium contra ea que emula ingerit ei. Tertio ostendit premia bonorum ut sicut terret pena ita alliciant premia. Figura primum et secundum mutua oratione ecclesie contra synagogam, tertium per predicatorem qui ostendit paradisum electis.

Ps. VI. FIGURA : David infirmatur in lecto et Dominus tenet coram eo ensem et virgas et ostendit se iratum sicut in die judicii.

— In hoc psalmo monet primo propheta ad penitentiam. Secundo exponit erumpnas penitentis. Tercio ostendit qualiter correcti separentur a malis. Quarto orat pro inimicis convertendis. Figura primum et secundum per predicatorem et penitentem, tertium per penitentem glorificatum, quartum per prophetam orantem pro persecutoribus.

Ps. VII[1]. Chusi dat consilium Absolon pro David et Achitophel suspendit se ipsum.

— Christus stat ante Pilatum et Judas laqueo se suspendit.

Ps. VIII. David stupens stat coram torcularibus.

— Episcopus excommunicat hereticos et expellit de ecclesia.

---

1. Je supprime désormais le mot FIGURA.

Ps. IX. David cogitans meditatur in infante Christo quem videt natum in nubibus quasi absconditum.

— Ecclesia stat ex una parte. Christus natus in medio. Synagoga ex altera parte ceca et despecta.

Ps. X. David admirans. Mons in medio. Homines quidam ostendunt ei montem et passerem.

— Agit hic propheta de hereticis... Figura levis et plana est [1].

Ps. XI. Helyas conqueritur Domino quod derelictus sit solus in mundo, et sepulcra sunt ex utraque parte ejus.

— Videns quilibet justus multiplicatam seculi vanitatem primo petit ab adversitatibus liberari, secundo predicat Christum missum in terris...

Ps. XII. David orat Dominum et Ipse avertit faciem suam ab eo.

— Christus superius cum angelis in nube. Sancti in medio rogant ut descendat. Diabolus ex una parte, Antichristus ex altera.

Ps. XIII. « Dixit insipiens... » Hoc figuratur per Nabal qui contempsit nuncios David et conminatur ei David set per Abigail pepercit ei.

Ps. XIV. David querit a Deo quales homines vel albi vel nigri monachi vel jacobite sint digni regno Dei, et Deus illi respondet quod virgines et justi et illi qui non conmodant ad usuras et illi qui faciunt elemosinas et hujusmodi.

— Hoc figuratur per Dominum qui mittit sagenam in mare captis phariseo et publicano. Phariseum proicit in mare, publicanum autem recipit in celum.

Ps. XV. « Conserva me Domine... » Hoc dicit David sedens in paupere habitu ad Dominum sedentem super solium excelsum sicut resurrexit a mortuis.

— Christus in cruce alloquitur Patrem et orat pro apos-

1. Ms. 11560 : Des hérétiques discutant devant Dieu.

tolis circumstantibus et gratias agit pro confirmatione ecclesie.

Ps. XVI. David prostratus orat coram altari.

— Orant apostoli et Titus et Vespasianus occidunt Judeos.

Ps. XVII. Saul nititur confodere David citharizantem hasta et David declinante inde fixa est hasta in pariete.

Ps. XVIII. David videt in visione apostolos predicantes verbum Dei.

— Christus liberat Adam et Evam et refrenat dyabolum.

Ps. XIX. David revestit Jhesum Christum quasi sacerdotem ad missam celebrandam.

Ps. XX. David contemplatur Christum sedentem in throno indumenta habens pontificalia et coronam regiam super caput suum et scriptum in manu sua.

— Hoc figuratur in transffiguratione Christi.

Ps. XXI. Dominus qui lamentatur et dolet pro peccatis populi sui Judeorum scilicet et gentium.

— Christus crucifigitur et milites partiuntur vestimenta sua.

Ps. XXII. David sub figura judaici populi de captivitate babilonica reversi sub Zorobabel et Jhesu sacerdote magno.

Ps. XXIII. David stat ad pulpitum et clamat quasi preco et populus applaudit manibus.

— In prima sabbati mundus conditus est et lux divisa a tenebris et eadem die D. N. J. C. a mortuis resurrexit... Figura plana est[1].

Ps. XXIV. Ecclesia offert Deo animam unius monachi vel unius heremite.

— Christus flagellat quendam clericum et ipse postea predicat verbum Dei.

---

1. Ms. 11560 : Le Christ ressuscité apparaît aux disciples à genoux en présence de Dieu accompagné de deux anges.

Ps. XXV. David expellit homicidas et feneratores a domo sua.

— Psalmus iste monet vitari consortia malorum quantum ad Ecclesiam militantem ex una parte. In secunda vero petit vir perfectus et innocens separari a malis... Prima pars superius figurata est. Secunda figuratur per judicium.

Ps. XXVI. David a Samuele propheta inungitur in regem.

— Christus indutus casula coronatus ut rex pendens in cruce alloquitur Patrem pro apostolis circumstantibus.

Ps. XXVII. Quidam rex precipitatur in infernum et David orat ne et ipse precipitetur.

— Intentio psalmi hujus monet nos adversa tolerare si volumus cum Christo regnare. Figura plana est [1].

Ps. XXVIII. David perfecto tabernaculo sacrificat arietes coram archa Domini.

— Episcopus facit ordines et ordinati cantant : Veni creator Spiritus.

Ps. XXIX. David voluit (*ms. :* noluit) hedificare domum Domini set Nathan propheta prohibet eum mandato Domini.

— Christus cum sanctis ascendit ad Patrem. Judei cum demonibus precipitantur in infernum.

Ps. XXX. Diabolus ostendit David gladium et ille perterritus clamat ad Dominum.

— Ecclesia flet pro martiribus.

Ps. XXXI. Penitentes verberantur ab episcopo et Deus eos protegit.

— Si vere penitens es et penitereris, primo intellige te peccatorem esse... Hoc figuratur per phariseum et publicanum.

Ps. XXXII. David citharizat et invitat alios ad laudem Domini cum diversis instrumentis.

1. 11560 : Le Christ montre le ciel à deux religieux.

— Propheta in prima parte psalmi istius monet justos et rectos laudare Deum. Hoc figuratum est. In secunda parte dicit illos fore beatos qui ad cultum Dei perveniunt... Hoc figuratur in baptismo.

Ps. XXXIII. David quasi furiosus stat coram quodam rege.

— David figurat Christum...

Ps. XXXIV. Homines armati impugnant David.

— Christus armatus cum cruce sua frangit caput diaboli.

Ps. XXXV. Monachus quidam osculatur mulierem clausus in thalamo.

— Paulus cadit de equo et Dominus eum relevat.

Ps. XXXVI. David docet filium suum ne sequatur captores luxuriosos homicidas et hujusmodi.

— Intentio prophete in hoc psalmo est monere nos ut in mundo spreto Christo autem (*sic*) hereamus... Figura plana est[1].

Ps. XXXVII. David aspiciens gaudium angelorum depellit Bersabee.

— Job jacet in sterquilinio et alii per exemplum ejus sustinent martirium.

Ps. XXXVIII. David coram quatuor cantoribus Asaph Eman Ethan et Ydithum ponit digitum super os suum.

— Duo aleatores rixantur et duo alii eos separare conantur.

Ps. XXXIX. David in sompnis videt annunciationem.

— Intentione monet propheta relictis ceremoniis legis et ydolatrie superstitione ad Novum Testamentum accedere... Ffigura plana est.

Ps. XL. David timens diem judicii dat elemosinas pauperibus.

---

1. 11560 : Un religieux fuit le monde et se réfugie auprès du Christ.

— Paulus elevans signum crucis predicat populis.

Ps. XLI (néant) [1].

— Clerici cantant dum baptizatur puer et dum sepelitur senex.

Ps. XLII. Diabolus seminat in agro zizania in medio tritici.

— Sanctus Sebastianus confortat Claud[i]um et Nicostratum in martirio qui voluerunt resilire a proposito suo propter blandimenta uxorum suarum et filiorum suorum.

Ps. XLIII. Deus armatus protegit Judeos et dat eis affluenciam temporalium.

— Christus pauper instituit ordinem fratrum minorum.

Ps. XLIV. David citharizat coram Beata Virgine in puerperio.

— Christus et ecclesia sedent in modum regis et regine in medio omnium sanctorum.

Ps. XLV. Christus nascitur. Templum corruit. Faber facit vomerem de gladio.

Ps. XLVI. Helyseus calvus ascendit in montem. Pueri clamant : Ascende calve, et duo ursi devorant pueros.

— Christus ascendit. Apostoli predicant, miracula faciunt.

Ps. XLVII. David laudat Dominum pro mundi creatione et pro pulcritudine Jherusalem.

— Papa consecrat episcopos abbates presbiteros et clericos.

Ps. XLVIII. David clangit buccina coram Judeis.

— Princeps vel rex vel episcopus moritur. Diabolus capit animam et fures asportant thesaurum suum et predicator hec ostendit populo pro exemplo.

---

1. 11560 : Un roi prie Dieu, qu'on voit entre deux anges, auprès d'un cerf qui boit à un ruisseau.

Ps. XLIX. Deus coram ydolis gencium alloquitur terram stans super muros Jherusalem.

Ps. L. Nathan ostendit ovem David. Urias ex una parte interficitur et Bersabee sedet juxta David.

— Penitentes humiliant se qui vident David proicere coronam de capite suo vestitum sacco vel silicio.

Ps. LI. Abimelech sacerdos tradit David ensem Golie et panes propositionis coram Doech ydumeo pastore Saulis.

— Antichristus pugnat contra Helyam et Enoch et interficit eos.

Ps. LII. Amalechite succenderunt civitatem David et ipse eos insequitur et occidit.

— Christus occidit Antichristum et dyabolum et suos qui sunt insipientes, dicentes Jhesum Christum non esse Deum.

Ps. LIII. Saul intravit speluncam in deserto Ziph ut purgaret ventrem et David qui ibi erat absconditus abscidit clamidie (*sic*) Saul.

— Dacianus sedet in solio. Vincentius jacet in carcere super fragmenta testarum et cantat hymnum letus Domino et angeli cum eo.

Ps. LIV. David est in mari in navi et tempestas oritur et ipse orat Dominum.

— Ecclesia flagellatur et Petrus plorat.

Ps. LV. Homines armati ponunt David in torcular.

— Laurentius dicit Valeriano imperatori : Assatum est, jam versa et manduca.

Ps. LVI. Puelle faciunt chorum contra David et laudant eum pro occisione Golie, et Saul iratus conatur extinguere titulum et laudem ejus[1].

_____

1. La peinture du ms. 11560 ne répond pas à cette description.

— Judei irrident crucem et Christiani (*ms. :* Christum) adorant.

Ps. LVII. David docet Judeos juste judicare.

Ps. LVIII. Servientes Saul custodiunt domum David et Nichol (*sic*) emisit eum per fenestram.

Ps. LIX. David succendit urbem et Joab occidit homines.

Ps. LX. David cantat coram Domino.

— Quidam sanctus verberatur et cantat.

Ps. LXI. David citharizat vel psalterizat et quidam saltat coram eo.

Ps. LXII. David absconditus latet in deserto.

Ps. LXIII. David in visione videt Judeos qui machinantur capere Christum.

Ps. LXIV. Adam expellitur de paradiso.

Ps. LXV. Judeus surgens ex mortuis petit a Deo ut det sibi uxorem.

Ps. LXVI. David orat et Deus ostendit illi Filium suum.

Ps. LXVII. Archa testamenti elevavit (*sic*) in altum coram filiis Israhel et hostes eorum fugiunt.

Ps. LXVIII. David nudus in aqua clamat ad Dominum.

Ps. LXIX. David gratias agit Deo et facit ei sacrificium quia liberavit eum Dominus de manu inimicorum ejus.

Ps. LXX. Multi captivi clamant ad Dominum.

Ps. LXXI. Salomon sedet in throno et David tradit ei sceptrum et legem.

— Christus venit ad judicium.

Ps. LXXII. Asaph cantat et ludit coram Judeis tenentibus legem et sedentibus ad mensam.

Ps. LXXIII. Multi prophete prophetant in synagoga.

— Christiani adorant Christum in summitate virge Jesse[1].

Ps. LXXIV. David primo confitetur coram sacerdote

1. Cf. Hebr., XI, 21.

extra ecclesiam et postea stans invocat nomen Domini in ecclesia.

— Rex quidam nobilis prostratus in terra, et pauper quidam nudus erigit scalam ut ascendat in celum.

Ps. LXXV. Assirii pugnant contra Judeos.

— Judei in synagoga verberant apostolos Christum adorantes et Christus (*ms. :* Christum) exprobrat Judeîs.

Ps. LXXVI. Moyses rogat Dominum ut ostendat ei faciem suam et Deus respondet : Non videbit me homo et vivet [1].

Ps. LXXVII. David legit in libro legis coram omni multitudine filiorum Israhel.

— Christus abscidit ramum de oliva et inserit oleastrum id est alterius generis ramum [2].

Ps. LXXVIII (néant) [3].

Ps. LXXIX. David custodit oves et plantat vineam.

Ps. LXXX. Judei cum instrumentis stant coram torcularibus.

Ps. LXXXI. Christus stat in synagoga armatus et pugnat contra ydola.

Ps. LXXXII. Propheta orat Deum venientem ad judicium.

Ps. LXXXIII. David videt celos apertos et gloriam sanctorum.

Ps. LXXXIV. Christus nascitur et Deus Pater de celo prospiciens benedicit Mariam.

— Sacerdos celebrat. Populus adorat. Christus benedicit.

Ps. LXXXV. Christus orat et fluunt gutte sanguinis de eo et angelus de celo confortat eum.

Ps. LXXXVI. Deus stat super turres civitatis Jherusalem.

1. Ex., XXXIII, 20.
2. Cf. Rom., XI, 17.
3. 11560 : Scène de massacre et de viol dans une ville prise d'assaut.

Ps. LXXXVII. Unus cantat et alius citharizat.

— Canticum notat exultationem mentis. Psalmus notat bonam operationem... Hoc figuratur per Mariam et Martham. Maria orat, Martha dat elemosinam.

Ps. LXXXVIII. Deus ponit David in throno et ostendit ei solem et lunam.

Ps. LXXXIX. Moyses tenet tabulas in una manu et evangelium in alia.

Ps. XC. Dyabolus temptat Christum super pinaculum templi.

Ps. XCI. David orat ex una parte et ex alia elemosinas distribuit.

Ps. XCII. Deus format (*ms. : fremat*) Adam et Evam.

— Presbiteri orant pro mortuis presentibus.

Ps. XCIII. Deus extracto gladio judicat ecclesiam.

Ps. XCIV. David invitat milites suos ad mensam.

Ps. XCV. Judei de precepto Cyri regis Persarum reedificant templum.

Ps. XCVI. Absalon pendet in arbore et Judei ferunt claves ad David.

Ps. XCVII. Deus extendit brachium suum et terra tremuit. Mare superundat.

Ps. XCVIII. Deus Christus judex in celo super angelos et Judei rixantur.

Ps. XCIX. Unus cantat et unus confitetur.

— Magister legit discipulis et fratres minores dant elemosinas.

Ps. C. David tenet vinum et oleum.

Ps. CI. David afflictus et verberatus orat.

— Quidam respicit hominem concubentem (*sic*) cum muliere et fugit in claustrum.

Ps. CII. David tenet animam suam et saltat coram Domino.

— David cantat in medio claustralium.

Ps. CIII. Deus facit mundum et David laudat Deum.

Ps. CIV. Johannes evangelista videt angelos cum tubis canentes Alleluia.

Ps. CV. Judei faciunt vitulum aureum et adorant.

Ps. CVI. Deus ex una parte tenet Judeum et ex alia gentilem.

Ps. CVII. Angelus predicit Abrahe de Ysaac.

— Paulus predicat Athenis et convertit Dionysium Ariopagitam.

Ps. CVIII. Dyabolus vult deglutire David.

— Judas tradit Dominum.

Ps. CIX. David in virga virtutis sue regnat in Syon.

— Deus Pater tenet crucifixum.

Ps. CX. David in medio multorum confitetur.

Ps. CXI. Duo prophete liberantur de captivitate sub Dario rege.

Ps. CXII. Pueri cantant coram Jhesu sedente super asinum.

Ps. CXIII. David miratur quod mare divisum est ubi populus transit.

— Peccator evadit nudus a diabolo.

Ps. CXIV. Deus portat ovem in humeris suis ad ovile.

— Propheta de fovea peccatorum extractus et in petra constitutus gratias agit quia est exauditus.

Ps. CXV. David humiliatus jacet ante crucifixum.

— Angelus solvit Petrum a vinculis.

Ps. CXVI. Judei et gentes baptizantur ad predicationem Pauli.

Ps. CXVII. Propheta David sicut rex petit portas Jherusalem sibi aperiri, et omnis populus prestolatur adventum suum [1].

Ps. CXVIII. Pueri adiscunt (*sic*) alphabetum.

_____

1. Ce sont deux peintures.

— Christus in monte docet apostolos de octo beatitudinibus.

Ps. CXIX. David flet et respicit .xv. gradus templi.

Ps. CXX. David in visione videt apostolos tenentes gladios et scuta.

Ps. CXXI. David hylaris intrat domum Domini.

Ps. CXXII. Ancilla quedam respicit dominam suam et David respicit Christum.

— Job sedet in sterquilinio.

Ps. CXXIII. David fugit et multi armati persequuntur eum et ipse cadit in aquam.

Ps. CXXIV. David monstrat Judeis montem et Christum in civitate Jherusalem.

Ps. CXXV. David consolatur captivos.

Ps. CXXVI. Salomon edificat templum et Christus adjuvat eum.

Ps. CXXVII. David cum uxore et filiis comedent (sic) sub oliva.

Ps. CXXVIII. David incurvatur et alii verberant eum.

Ps. CXXIX. Jonas de ventre ceti clamat ad Dominum.

Ps. CXXX. Femina quedam ablactat puerum et ipse deponit coronam suam.

Ps. CXXXI. David facit sibi fieri sepulcrum in domo Domini.

Ps. CXXXII. Duo fratres ludunt simul.

— Spiritus sanctus descendit in apostolos.

Ps. CXXXIII. David cum multis aliis offert sacrificium in templo.

Ps. CXXXIV. David increpat ydolatras.

Ps. CXXXV. Josue occidit reges.

Ps. CXXXVI. David suspendit organa in salice super fluvium et Jheremias tenetur in vinculis.

— Angelus liberat homines orantes a demonibus.

Ps. CXXXVII. David applaudit cum angelo.

— Unus cantat. Unus predicat. Unus elemosinas dat.

Ps. CXXXVIII. David ostendit Deo celum mare et infernum, et David coronatus habet alas.

Ps. CXXXIX. Diaboli et homines armati persequuntur David.

Ps. CXL. David tenet thuribulum cum incenso et gloria Domini operit tabernaculum.

Ps. CXLI. David orat in spelunca.

Ps. CXLII. Angelus ducit David in paradisum.

— Christus eicit septem demonia de Magdalena.

Ps. CXLIII. David occidit Goliam.

Ps. CXLIV. David coram populo exaltat Christum.

— Albus monachus pulsat campanam et conversus flectit genua.

Ps. CXLV (néant) [1].

— Angeli et homines tripudiant coram Christo.

Ps. CXLVI. David et alii plurimi tenentes instrumenta laudant Dominum.

Ps. CXLVII. Duo prophete redeunt a captivitate ad Jherusalem nobiliter hedificatam.

— Episcopus dedicat ecclesiam et clerici cantant.

Ps. CXLVIII. Angeli homines et bestie et aves pisces dracones femine et omnes creature saltant coram Domino.

Ps. CXLIX. Moyses solus vel Josue fugat multos armatos.

Ps. CL. David et socii cum omnibus instrumentis suis stant coram archa Domini.

— Omnes sancti in albis sedent cum Christo ad mensam in celo.

Il nous suffit, pour comprendre le texte qu'on

1. 11560 : Un roi lève les bras en présence de deux rois et de la foule, où se trouve un prêtre, et devant Dieu qu'accompagnent deux anges.

vient de lire, de jeter les yeux sur l'admirable mémoire de M. Delisle relatif aux *Livres d'images destinés à l'instruction religieuse et aux exercices de piété des laïques*[1]. La description des figures des dix premiers psaumes, que M. Delisle donne d'après une bible moralisée, se rencontre presque mot pour mot avec nos projets de miniatures. Le manuscrit de Madrid est une bible moralisée, mais sans images et où il n'y a pas même place pour les peintures qui pourtant forment le fond de ce célèbre manuel de piété. Ces images sont, il est vrai, remplacées, pour le Psautier, par une description si exacte, qu'on ne pourrait désirer mieux. Telle en est la précision, que nous pouvons dire sans hésiter à quelle famille de manuscrits se rattache notre Psautier moralisé. Nous savons, en effet, par l'étude de M. Delisle, qu'il y a deux recensions dans le groupe des bibles moralisées : la plus ancienne est représentée par la grande bible du XIIIe siècle en trois volumes, dont l'un est le ms. 11560 du fonds latin de la Bibliothèque nationale (les deux autres sont à Oxford et à Londres); l'autre nous est conservée dans le ms. français 167 de la Bibliothèque nationale, ce chef-d'œuvre de la peinture en grisaille du XIVe siècle. C'est sans contredit dans la famille la plus ancienne qu'il faut faire rentrer notre texte

1. *Histoire littéraire de la France*, t. XXXI, 1890, p. 243.

descriptif. Telle est la ressemblance, qu'on pourrait se demander si notre description n'est pas prise directement sur le ms. 11560. Il n'en est pourtant rien. Un grand nombre de petites différences de détail, dont chacune est insignifiante en elle-même, montrent qu'ici le texte descriptif est le plus ancien et que les peintures du manuscrit de Paris ont été exécutées d'après un thème manuscrit absolument semblable à notre texte. Seulement, par une circonstance regrettable, le copiste a laissé de côté la description d'un assez grand nombre de miniatures. Une telle omission n'est pas rare, et nous en montrerons d'autres exemples. Un assez grand nombre de titres, ou, si l'on veut, de projets de miniatures ont pu facilement être coupés par le relieur sur la marge du manuscrit original ou disparaître par tout autre accident. Il faut naturellement aussi faire la part de la négligence du copiste.

Le reste du manuscrit ne contient plus de descriptions de figures ; c'est tout simplement le texte de la Bible moralisée, selon la recension du ms. 11560. Pour le montrer, je vais mettre en regard le texte castillan (le seul que j'aie copié) du ms. de Madrid et le texte latin du ms. 11560, pour les premiers mots des moralités relatives à quelques-uns des livres de la Bible.

MANUSCRIT DE MADRID.	BIBL. NAT. MS. LAT. 11560.
Fol. 95 v°. PROVERBES. Las palabras de Salamon que provecho tengan mostrase en el titulo, quando se dize : para saber la sciençia e la disciplina...	Ostenditur in titulo quantam utilitatem habeant Parabole Salomonis, ubi dicit : ad sciendam sapientiam et disciplinam...
Fol. 104. ECCLÉSIASTE. El cielo e la tierra podemos dezir verdaderamente por sy ser buenas obras...	Celum et terra in se bona sunt...
Fol. 105 v°. CANTIQUE DES CANTIQUES. La generacion humanal alongada de Dios por el peccado...	Humanum genus quod per peccatum recesserat procul a Deo...
Fol. 117 v°. ESAÏE. Esto significa que alguno predestinado, que quier dezir anteordenado o prometido, fuerte en la fe...	Hoc significat quod aliquis fortis in fide...

Il y a donc, tant pour les peintures projetées que pour le texte, identité entre notre texte et la Bible moralisée, telle que nous la possédons dans le ms. 11560. Si nous étendons notre examen aux parties de la Bible qui ne sont pas représentées dans le ms. 11560 et si nous comparons nos moralités avec celles du ms. fr. 167, nous trouverons bien des différences. Les premiers mots du Commentaire des Rois, des Actes des Apôtres, des Épîtres de saint Paul et de l'Apocalypse répondent exactement aux moralités du ms. 167, mais il n'en est pas ainsi pour la Genèse, pour Job et les Évangiles; quant aux Épîtres catholiques, elles ne semblent pas même se trouver dans le ms. 167. Pour permettre la comparaison, je copie ces quelques mots, comme j'ai fait des précédents, dans le texte castillan, en ajoutant seulement le texte latin des premiers mots du Commentaire de la Genèse.

Fol. 8. GENÈSE. Faciamus hominem... Hoc significat quia illi qui habent similitudinem Dei et sunt discretiores preesse debent aliis dignitate in sancta Ecclesia.

Aquesto significa que aquellos que han semeiança de Dios, son mas discretos e mas sabios, deven ser antepuestos a los otros omnes en la santa Eglesia.

Fol. 70. JOB. Job se interpetra aquel que se duele. Hus se interpreta conseio...

Fol. 172. ÉVANGILES. Dixit Maria ad angelum... Esto significa que el anima fiel obedesca humilmente a los prometimientos de Jhesu Cristo e cree que non es sobre sus fuerças...

Fol. 203 v°. ACTES. Duxit autem eos foras... Aquesto significa quel Sennor quita e saca a los que ama del estruendo e ruydo del siglo...

Fol. 222 v°. ROMAINS. Por la altercacion e contienda escrive el apostol a los Romanos...

Fol. 233 v°. JACQUES. Esta epistola es puesta primera de las canonicas de sant Iago non porque fuera escripta primeramente mas por la dignidat...

Fol. 236. APOCALYPSE. Johannes apostolus fuit in insula...

Por sant Johan son significados los perlados losquales oyen la palabra de Dios e la entendien e la canplen por obra e por su enxenplo...

Fin (fol. 239). Et ipse calcat torcular... Esto que pisa el lagar de la yra de Dios significa quel mesmo sufrio el dolor de la cruz por alimpiar al omne de los peccados e por lo librar de las penas del infierno.

Il est fort probable que, si l'on se transporte aux deux volumes de la Bodléienne et du Musée britannique qui complètent le ms. 11560, on y trouvera l'équivalent des passages ci-dessus, de ceux mêmes qui ne correspondent pas au texte du ms. 167.

Le manuscrit de Madrid se distingue de toutes les bibles moralisées par une addition singulière, c'est celle des préfaces des divers livres de la Bible. Ces préfaces sont reproduites (d'une autre main, si j'ai bonne mémoire) sur les sept premiers feuillets du manuscrit et en tête du Nouveau Testament (ff. 167-170). C'est une idée assez malencontreuse qu'a eue le libraire d'accoler à une bible moralisée des préfaces qui n'ont pas d'autre raison d'être que d'accompagner le texte biblique complet. Ceci, du reste, est une légère erreur en regard de la faute qu'il a commise, de copier le manuscrit lui-même. Que signifie une bible moralisée sans images? C'est un corps sans âme, à moins qu'on n'aime mieux dire une âme sans corps. Mais ce qu'il y a de plus étrange dans le procédé du libraire castillan, c'est qu'au lieu de figures, il nous a donné, pour le Psautier, le thème de ces figures, tel qu'il a certainement été mis en écrit par le théologien qui a conçu la Bible moralisée. Il a fait, en grand, ce qu'ont fait les copistes parisiens lorsqu'ils ont écrit en une belle rubrique, dans les bibles françaises, « Ci a prologue, » à l'endroit où justement il manquait une préface, ou, dans les Établissements de saint Louis, « Ci a grant letre, » là où il aurait dû y avoir une grande initiale[1]. Grâce à cette singulière manie de copier ce qui ne devait pas être copié, les copistes nous ont conservé, ce qui est d'un grand prix à nos yeux, un texte d'auteur qui n'était destiné qu'au libraire et à ses ouvriers et qui nous montre comment le théologien comprenait l'exécution de son œuvre et comment il la dirigeait. Ce texte, s'appliquant à l'une des œuvres les plus célèbres de la littérature chrétienne du moyen âge, est d'une réelle importance.

Maintenant que nous savons à quel texte se rapportent nos « notes pour l'enlumineur, » nous pouvons rechercher si elles ont eu quelque relation avec la tradition de l'illustration du Psautier.

Il y a, en effet, une tradition très stricte dans

1. *La Bible française au moyen âge*, p. 197. P. Viollet, *Les Établissements de saint Louis*, t. I, p. 471.

l'illustration du livre des psaumes. Le plus grand nombre des psautiers enluminés n'ont de miniatures qu'au commencement des nocturnes, c'est-à-dire aux psaumes I, XXVI, XXXVIII, LII, LXVIII, LXXX, XCVII et CIX. Les types des miniatures qui accompagnent ces psaumes sont tellement fixes qu'on peut à peine y relever quelques variantes et que celles-ci marquent un changement d'époque[1]. Les psautiers entièrement illustrés, c'est-à-dire ayant au moins 150 miniatures, sont plus rares. Les plus anciens d'entre eux se rattachent à la famille du Psautier d'Utrecht, que Springer a étudiée dans un travail vraiment magistral[2]. Cette famille de manuscrits illustrés, la plus belle de toutes et la plus riche, est française par l'origine (car nous savons par M. Durrieu que le Psautier d'Utrecht a été copié à Reims)[3] et anglo-normande par l'adoption : c'est en effet d'Angleterre que nous viennent le Psautier d'Eadwin et les autres du même type. Je ne parle pas en ce moment du curieux groupe des psautiers enluminés qui sont du nombre des plus beaux produits de l'art allemand du XII⁰ siècle et qui dépendent du magnifique Psautier du landgrave Hermann de Thuringe[4]. Ce ne

1. Voyez *La Bible française au moyen âge*, p. 289.
2. *Die Psalter-illustrationen im früheren Mittelalter. Abhandlungen* de l'Académie de Leipzig, t. VIII, 1881.
3. *Mélanges Julien Havet*, 1895, p. 639.
4. A. Haseloff, *Der Bildschmuck der Psalterien des Land-*

sont pas des psautiers complets, et ils appartiennent à une école tout à fait différente de celle qui nous occupe. L'École française, ou franco-anglaise, est représentée dans l'histoire du Psautier complet par un petit nombre de monuments qui sont du plus vif intérêt. Je mentionnerai d'abord le Psautier anglo-normand, des environs de l'an 1300, que le Dr James a fait connaître par le travail cité plus haut. Nous avons là une série complète de peintures, doublée d'une table de 184 miniatures, exactement décrites. Mais voici qu'à ce moment même M. Delisle vient de publier la notice d'un psautier appartenant à lord Crawford et qui a dû être exécuté, sous le règne de saint Louis, par des artistes de l'école parisienne, pour un membre de la famille royale ou pour un des grands seigneurs du royaume[1]. Une grande partie des miniatures de ce beau volume ont malheureusement disparu, mais ces pertes intéressent uniquement les peintures de l'histoire évangélique qui précèdent le Psautier et la miniature du psaume Ier. Ce qui nous intéresse particulièrement en cet instant, c'est que chacune des initiales des psaumes est accompagnée d'une charmante petite miniature, dont le sujet est à

grafen Hermann von Thüringen, I. Strasbourg, 1897 (thèse de Munich).

1. *Bibliothèque de l'École des chartes,* t. LVIII, 1897, p. 381 et à part : *Notice sur un Psautier du XIIIe siècle appartenant au comte de Crawford,* in-4° (planche).

chaque fois indiqué par une légende marginale tracée en rouge ou en bleu. Or, ces légendes reproduisent exactement en latin le texte français que M. James a publié. On en jugera :

<table>
<tr><td>PSAUTIER CRAWFORD.</td><td>PSAUTIER DE CAMBRIDGE.</td></tr>
<tr><td>Ps. II. Pilatus et Herodes fiunt amici in captione Christi.</td><td>Pilates et Herodes sunt fet amis en la prise Jhesucrist.</td></tr>
<tr><td>Ps. III. Absalon pendet duabus lanceis transfixus.</td><td>Absalon pent a .i. arbre par les chevels et a .ii. lances parmi le cors.</td></tr>
<tr><td>Ps. IV. Rex hic dormit in pace.</td><td>Uns rois se dort en un lit.</td></tr>
<tr><td>Ps. V. Abraham expellit ancillam cum filio.</td><td>Abraham debout l'ancele et son filz.</td></tr>
<tr><td>Ps. VI. David infirmans orat ad Dominum.</td><td>David malades prie Nostre Seineor.</td></tr>
<tr><td>Ps. VII. Quidam a monte proicit lapides contra David.</td><td>Uns homs giete les pierres d'un mont encontre David.</td></tr>
<tr><td>Ps. VIII. Quidam erigit torcularia.</td><td>Uns homs dressce .i. pressoir.</td></tr>
<tr><td>Ps. IX. Sacerdos indutus confitetur coram altari.</td><td>Uns prestre revestuz se confesse devant .i. autel.</td></tr>
<tr><td>Ps. X. Quidam respicit corniculam vel corvum.</td><td>Uns homs regarde .i. corbel.</td></tr>
<tr><td>Ps. XI. Angelus canit buccina et mortui resurgunt.</td><td>Uns angles busine et li mort resordent.</td></tr>
<tr><td>Ps. XII. Quidam induit pauperem nudum.</td><td>Uns homs revest .i. provoire[1] nu.</td></tr>
</table>

1. Remarquez la différence et comparez le ms. Bibl. nat. fr. 10435.

Ps. XIII. Quidam judeus   Uns juis regarde la terre
respiciens terram flet.   qi pleure.

Nous possédons un troisième manuscrit du même texte. C'est un texte français qui s'accorde presque en tous points avec celui du manuscrit de Cambridge. M. Delisle l'a fait connaître et il en a cité quelques lignes [1] : nous parlons du ms. lat. 10435 de la Bibliothèque nationale. C'est un charmant petit psautier dans lequel chacun des psaumes, y compris les vingt-deux divisions du Ps. CXVIII, est accompagné d'une petite initiale très finement enluminée. L'écriture, aussi bien que l'art de ce manuscrit, indiquent la seconde moitié du XIIIe siècle. Le manuscrit n'a pas été décoré à Paris, mais dans les pays picards et pour une famille de cette région, car les petites rubriques dont la miniature de chaque psaume est accompagnée sont en dialecte picard. Des notes d'une autre écriture, également en picard et qui sont de même écrites en rouge, accompagnent un grand nombre de petits personnages masculins et féminins qui sont figurés, au milieu des grotesques, sur les marges, et leur donnent des noms qui appartiennent tous au nobiliaire de la Picardie.

Au bas de la première page, on voit figurés deux chevaliers qui joutent; l'un porte les armes de la famille de Mailly et l'autre un blason : d'ar-

1. *Histoire littéraire, l. l.*, p. 279.

gent, à la fasce d'azur (Clary). Un très grand nombre de petits blasons ornent les différentes pages de ce manuscrit et celui d'entre eux qui revient le plus souvent est encore : d'argent, à la fasce d'azur.

Les petites rubriques en dialecte picard s'arrêtent malheureusement avec le Ps. CXXI. Cette lacune est moins regrettable, puisque le manuscrit de Cambridge permet de la combler. On remarque également quelques omissions dans le reste du Psautier, en particulier en tête des nocturnes, où les initiales, qui sont plus grandes, sont divisées en deux registres et devraient être toujours accompagnées d'une double rubrique.

Le lecteur a compris aussitôt que les deux textes, le latin de lord Crawford et les français de Paris et de Cambridge, sont en réalité un seul texte. L'original est-il le français? est-il le latin? L'étude du manuscrit de lord Crawford pourrait peut-être nous l'apprendre; toutes les probabilités, et avant tout l'antériorité du manuscrit, sont en faveur du latin. Il y a donc eu à Paris, au milieu du XIIIᵉ siècle, une tradition, et une tradition écrite, pour l'illustration du Psautier complet. Cette conclusion, qui est certaine, n'est pas de peu d'intérêt pour l'histoire de l'art industriel.

Une question se pose ici. Le petit texte, soit latin soit français, que nous ont conservé les manuscrits, doit-il être classé parmi les « notes pour l'enlumineur, » ou simplement parmi les séries de titres destinés à accompagner les miniatures et tels que nous en avons beaucoup? Notre texte a été l'un et l'autre, l'un par destination, l'autre en effet, mais c'est avant tout un manuel destiné à diriger l'enlumineur. Il faut pourtant faire ici une distinction. Dans le manuscrit de Cambridge, et dans celui-là seulement, nous trouvons en tête de tous les nocturnes, c'est-à-dire des psaumes I, XXVI, XXXVIII, LII, LXVIII, LXXX, XCVII et CIX, des notes beaucoup plus détaillées, qui sont un parfait exemple d'un programme destiné à l'ouvrier et qui n'ont été recopiées dans le manuscrit que par un malentendu qui, nous l'avons vu, est fréquent. On en jugera par la description de la peinture du psaume Ier :

Sera coment Samuel li prophetes met sa mein sur la tete David et el elist a estre roi, et David sera en estant u mileu de ses freres et sera li plus petis. En cele meime letre par desous coment David ocist Golie.

Voici encore la miniature du psaume LXVIII :

En la letre sera l'arche Nostre Seigneur sus .i. char qe diec bof meneront et David harpera par devant l'arche et sera vestus d'un rochiet blanc. E par desus sera Michol, la fame David, qui esgardera David par une fenestre e fera une contenance qele le despise.

Pour reconnaître qu'il y a là une deuxième main, une interpolation, il n'y a pas même besoin de remarquer que ces notes, de même que celles des autres nocturnes, qui sont rédigées dans le même style, ne se trouvent pas dans les autres manuscrits. En effet, le ms. 10435 n'a pas, à cet endroit, ces descriptions plus longues, et le psaume Ier, par exemple, y est simplement accompagné des mots : « David tue Golie. » Quant au Psautier Crawford, nous avons tout lieu de supposer qu'il appartient à la même famille que l'original du ms. 10435. Il est assez probable qu'un texte semblable à celui-là a été l'original, et que la traduction du ms. 10435 est, des deux textes français, le plus rapproché de l'original.

Nous pouvons maintenant revenir à la question posée tout à l'heure : y a-t-il une relation entre la tradition parisienne de l'illustration des Psautiers complets et la tradition, également parisienne selon toute apparence, de la Bible moralisée? J'exclus de mon examen tous les psaumes dont la miniature est à peu près la même, mais où elle semble commandée par le récit du psaume ou par les premiers mots de son texte. Il reste encore une trentaine de psaumes, ou tout au moins une vingtaine, qui nous montrent une ressemblance trop étroite pour être explicable autrement que par l'imitation directe d'un modèle figuré. Je cite les psaumes VI, X (?), XV, XVI, XVIII, XIX, XX, XXII, XXXV, XLIV, XLVI (?), LII, LIII, LIV, LVIII (?), LXVII, LXXIII (?), LXXIV (?), LXXIX (?), LXXXI, LXXXIV, LXXXVIII, CV, CXVIII, CXIX, CXXVII, CXXIX, CXXX,

CXXXV, CXLVII (?), etc. Je n'insiste pas. Dans une matière où la tradition régnait en maîtresse, il n'était pas possible, même aux plus indépendants, d'y échapper entièrement. Il en a été ainsi pour la Bible moralisée.

Les « notes pour l'enlumineur » du manuscrit de Paris différant en plus d'un point de celles du manuscrit de Cambridge, il m'a semblé utile d'en reproduire le texte.

BIBLIOTHÈQUE NATIONALE. MS. LAT. 10435.

Ps. I. David tue Golie.

Ps. II. Pilates et Herodes sont fait ami en le prise Jhesucrist (*sic*).

Ps. III. Absalon pent a un arbre par les caveus, .ii. lanches en son cors.

Ps. IV. Uns rois se dort en un lit.

Ps. V. Abrahans deboute l'anchele et sen fil.

Ps. VI. David est malades et prie Diu.

Ps. VII. Uns hons ki giete le piere du mont el val.

Ps. VIII. Uns hons se dreche sur un pressoir.

Ps. IX. Uns prestres est revestus et se confesse devant l'autel.

Ps. X. Uns hons regarde .i. corbel.

Ps. XI. Uns angles buisine et li mort relievent.

Ps. XII. Uns hons revest .i. povre nu.

Ps. XIII. Uns juis regarde la tere qui pleure.

Ps. XIV. Saint Eglise tient un galisse.

Ps. XV. Jhesucris (*sic*) relieve du sepulcre.

Ps. XVI. David est as mains jointes et a genoul et Nostre Sires le couronne.

Ps. XVII. Uns enfés porte le couronne David.

Ps. XVIII. Li Sains Esperis deschent sur les apostres.

Ps. XIX. David est couvers de le main Diu.

Ps. XX. David est en estant et Dix le couronne.

Ps. XXI. Le cruchefiement Jehucrist (*sic*).

Ps. XXII. Li pueples repaire de caitivisons de Babilone.

Ps. XXIII. Jhesucris brise les portes d'enfer.

Ps. XXIV. Doi houme batent le tierch et il regarde le chiel.

Ps. XXV. Uns angles ist d'une fontaine renouvelés.

Ps. XXVI. Le Maistre[1]. — Samiel enoint David.

Ps. XXVII. David weure le tabernacle.

Ps. XXVIII. Li prestres sacrefie le mouton devant l'autel.

Ps. XXIX. Li prestres sacrefie[2] le temple.

Ps. XXX. Li oisel escapant del gron a l'omme.

Ps. XXXI. Uns prestres baptisse .i. enfant.

Ps. XXXII (néant)[3].

Ps. XXXIII. David se fait fol devant Abimalech.

Ps. XXXIV (néant)[4].

Ps. XXXV. Uns hons fiert .i. autre d'un coutel en baisant.

Ps. XXXVI. Uns quiert herbe.

Ps. XXXVII. David regarde le coutel sanglant en plourant.

Ps. XXXVIII. Dix fait le lune et le solel. — David met se main a se bouce[5].

Ps. XXXIX. Dix trait David de le boe a une main et a l'autre tient le couronne.

Ps. XL. David doune le pain as povres.

1. La miniature représente, en haut, le Christ.
2. *Cambr.*: sacre.
3. *Cambr.*: Jhesucrist brise les portes de infier.
4. *Cambr.*: Jhesucrist tient la croiz et la lance.
5. *Ms.*: bonbe *ou* boube.

Ps. XLI. Uns hons ochist .i. chierf qui boit.

Ps. XLII. Li prestres est revestus a l'autel.

Ps. XLIII. Li juis buisine de joie ke ses ennemis fuie.

Ps. XLIV. Marie est sauvée par deseur et les pucheles timbrent par desous [1].

Ps. XLV. Le signagogue est avulée et Sainte Eglise est toute droite.

Ps. XLVI. L'acencion Nostre Segneur.

Ps. XLVII. Herodes frenist sen nés [2].

Ps. XLVIII. Li riches muert et li deable enportent l'arme.

Ps. XLIX. Li juis sacrefient et Nostre Sires le refuse.

Ps. L. Natan demoustre l'oelle a David.

Ps. LI. Uns hons ochist .i. prestre.

Ps. LII. David ochist les Malachiens et delivre leur femes.

Ps. LIII. David trenche a Saul l'ourle de son mantel.

Ps. LIV. Une nef en peril et chil dedens crient merchi a Diu.

Ps. LV. Saul dort et David tient le hanap et le lanche.

Ps. LVI. David ment en tapinage et uns mesagés le conte a Saul.

Ps. LVII. Un encanteur desus et desous .i. aspis qui tient se queue a dens.

Ps. LVIII. Michol met Saul (*sic*) hors par le fenestre.

Ps. LIX. David enbrase une contre.

Ps. LX. David couronné fole le deable.

Ps. LXI. Li tours k'iet seur les orgueleus.

Ps. LXII. David est repus el desert.

1. *Ms.* : par deseur les pucheles et...

2. Le peintre semble avoir représenté Hérode qui se brise le nez. C'est un contresens. Cambridge : « Herodes frei[n]t les nés. » La miniature du manuscrit de Cambridge représente en effet deux « nefs; » dans l'une est un roi, dans l'autre deux hommes qui brisent les vaisseaux. M. James rappelle à cette occasion le v. 8 : *conteres naves Tharsis.*

Ps. LXIII. Li archiers agaite David.

Ps. LXIV. Li rois trait les juis caitis.

Ps. LXV. Li lions resucite ses faons.

Ps. LXVI. Aaron tient le vergue foillie.

Ps. LXVII. Moises et Aaron drechent l'arche.

Ps. LXVIII. Dix fait bestes et oisiaus. — David el boier et prie Diu.

Ps. LXIX. Doi larron [copent] le chief Ibosect et l'aportent a David.

Ps. LXX. David est en le hauteche de le tour et si ennemi desous.

Ps. LXXI. .iii. houme aourent les idoles.

Ps. LXXII. Moises depieche ses tavles.

Ps. LXXIII. Dix deboute le sinaguogue.

Ps. LXXIV. Uns hous se confesse a .i. prestre.

Ps. LXXV. Dix oste la couverture de sus le sinagogue.

Ps. LXXVI. Dix couronne David.

Ps. LXXVII. Moises fiert le pierre de le vergue et l'iave en issi.

Ps. LXXVIII. Les bestes menjuent les cors des sains.

Ps. LXXIX. Dix plante le vigne

Ps. LXXX. Coument Dix fait Adam. — David jue de simbales.

Ps. LXXXI. Les idoles trebuskent devant Jhesucrist.

Ps. LXXXII. Delbora fiche cleus el temple a un martel.

Ps. LXXXIII. Li prestres tous revestus vient a l'autel.

Ps. LXXXIV. Nostre Dame qui gist et l'enfant en la creche.

Ps. LXXXV. Uns [oisiaus] est sacrefiés, son chief a aers a son pis et l'autre s'envole.

Ps. LXXXVI. L'asoncion Nostre Dame.

Ps. LXXXVII. Coré art son fil.

Ps. LXXXVIII. Li Fix est a latre son Pere, le lune et le solel sous ses piés.

Ps. LXXXIX. Uns hons depart le palle de formient.

Ps. XC. Jehuscris (*sic*) a desous ses piés le lion et le dragon.

Ps. XCI. David est en la hauteche de la vitore.

Ps. XCII. Jesucris (*sic*) est armés.

Ps. XCIII. Uns hons ochist .i. autre et il [est] enflambé de Diu.

Ps. XCIV. La virge fole dehors a qui Dix dist : je ne vous sai pas.

Ps. XCV. Li prestres tient l'oiste el sacrement.

Ps. XCVI. Tous li pueples va alencontre David qui vient.

Ps. XCVII. Dix fait Eve del costé Adan. — Li prestre qui cantent en sainte eglise.

Ps. XCVIII. Dix parole ad Moisem en la columbe.

Ps. XCIX. Crist pastour et garde les oelles.

Ps. C. Uns homs est couronnés de Diu et .i. autres embrasés.

Ps. CI. Le pellicane sussite ses oisiaus de sen sanc.

Ps. CII. Li aigles fiert le pierre de son bec sor le fontaine.

Ps. CIII. Li agnes muert de soif delés le fontaine.

Ps. CIV. Pharaon doune ses os [1] a Yosepf.

Ps. CV. Li juis aourent le veel.

Ps. CVI. Li angles anonche as pastouriaus.

Ps. CVII. Jacob beneist son fil [2].

Ps. CVIII. Judas pendu crevé par mi.

Ps. CIX. Le Pere et le Fil et Saint Esperit.

Ps. CX. Abraham veut sacrefier sen fil et li angles li moustre .i. mouton.

Ps. CXI. Uns hons doune les aumognes as povres.

Ps. CXII. Samiel oint David qui garde les brebis.

---

1. *Cambr.* : ses clefs.
2. *Cambr.* : ses filz.

Ps. CXIII. Li idolatres aoure le idere.

Ps. CXIV. Sanson porte les portes.

Ps. CXV. Li prestres doune a boire a .i. houme a un galisses.

Ps. CXVI. Doi houme portent une grape.

Ps. CXVII. Uns hons monte par une eskiele sur une tour.

Ps. CXVIII. ALEPH (néant) [1].

BETH. Uns hons parole a Diu.

GIMEL. Uns hons qui a un loien el col rekiert loier de Diu.

DALETH. David dort, un orelier sous son chief.

HE. Une puchele en estant et uns hons li tourne le fache.

VAU. David prie comme rois a genous.

ZAIN. Uns hons qui veut ochirre .i. aautre (*sic*) enbrasés par deriere.

HETH. Uns hons se tue d'un coutel, les mains loiés deriere le dos [2].

TETH. Uns bouchiers veut ochirre .i. martir.

IOD. Dix fait Adan.

CAPH. Le purificacion Nostre Dame.

LAMED. Dix fait le solel et le lune et les estoiles.

MEM. Uns hons qui seet en une kaiere et ensegne un viellart.

NUN. Uns hons porte une lanterne devant .i. autre.

SAMECH. Les colunbes regardent l'iave.

AIN. Crist parole as juis et il li tournent le dos.

PE. Li angles salue le Virge Marie.

SADE. Li Sains Esperis deschent sur le apostres.

COPH. .I. joines moines prie.

---

1. *Cambr.* : Uns homs estudie sus .i. livre.

2. *Cambr.* : Uns s'estudie, ses mains liés deriere le dos. Cf. v. 61.

Res. Uns hons ki veut ochirre .i. serpent et il repout son chief.

Sin. Uns martirs est batus tous nus.

Thau. Uns hons porte une outre[1] sur ses espaules.

Ps. CXIX. Uns hons prie el premier autel des .xv. degrés.

Ps. CXX. Uns hons touche le buisine de le tour.

Ps. CXXI. Nostre Dame qui tient sen Fil[2].

Je ne terminerai pas ce travail sans exprimer l'espoir que M. Guesnon, à la science duquel je dois d'avoir pu déterminer l'origine du Psautier picard, continuera à appliquer son étude à ce précieux manuscrit. Il y a là un beau sujet pour un aussi parfait connaisseur de l'histoire de nos provinces du nord, et l'histoire de l'art en tirera son bénéfice.

1. *Ms.* : oulre. *Cambr.* : une oeille. Cf. n. 176.
2. *Cambr.* : Uns homs entre el temple.

Nogent-le-Rotrou, imprimerie DAUPELEY-GOUVERNEUR.